ENRIQUE GONZÁLEZ-RUBIO Y MONTOYA

EL PODER CURATIVO DEL TAROT

LOS ARCANOS COMO INSTRUMENTO DE SANACIÓN INTERNA

Manakel
Madrid, 2024

Editorial Manakel, 2024
Ibáñez Marín, 11- 28019 Madrid
Telféfonos: 914729071 - 670367479
info@editorialdilema.com
www.editorialdilema.com
ISBN: 978-84-9827-679-4
Depósito legal: M-22793-2024

Diseño y realización de portada: Carmen Gonzalo
Maquetación: Antonia Duch/ Paco Duchel

Al maestro
Alejandro Jodorowsky
con profunda gratitud...

"Sobre las puertas del porvenir, está escrita la fórmula salvadora: ¡Hazte valer!"

Nietzsche

Para poder aprovechar al máximo este texto, se recomienda tener a mano los siguientes materiales:

Un Tarot Rider (o el que usted prefiera, con el que se sienta más identificado).

Un cuaderno, donde anotará el significado básico de las cartas y el resultado de sus consultas.

Una mesa y una silla.

Un mantel para cubrir su mesa.

Incienso y una vela.

PRÓLOGO

El primer contacto que tuve con el Tarot fue a través del escritor y cineasta Alejandro Jodorowsky, que durante los años setenta del pasado siglo se encontraba viviendo en México, haciendo cine, teatro y dando cursos de Tarot en los que explicaba el significado de los Arcanos Mayores.

El maestro Jodorowsky durante sus explicaciones hablaba de Numerología, Astrología, Cábala, Alquimia, Psicología, Simbología esotérica, Religiones comparadas, etc. Sus charlas eran fascinantes y muy enriquecedoras; de hecho abrieron mi entonces mente juvenil, a la comprensión de verdades profundas y trascendentales sobre el ser humano y la espiritualidad.

A la erudición del maestro Jodorowsky había que añadir la belleza e impacto visual sobre el subconsciente que producen las figuras de las cartas; el resultado fue impresionante.

Recuerdo que una de sus conferencias la inició diciendo: "Si doy bien esta charla, todos los presentes saldrán de aquí creyendo en la Virgen de Guadalupe...".

El asombro de todos fue mayúsculo. Yo no era católico, ni podía entender en ese momento que existiera una relación entre el Tarot y la simbología religiosa. Con ese preámbulo insólito, Jodorowsky inició su explicación de la simbología de la carta número 2, La Sacerdotisa.

Al final de su disertación, comprendí el simbolismo maravilloso que encierra la imagen de la Virgen de Guadalupe, envuelta en su manto de estrellas y pisando la luna negra; es la Madre cósmica, es también Isis y es María, la Madre del Cristo, como símbolo solar. Aprendí a contemplar las imágenes religiosas con una nueva mirada, la mirada del que sabe, y comprende lo que ve.

Esta mirada profunda y comprensiva la adquirí gracias a las explicaciones del maestro Jodorowsky: nos enseñó que el Tarot es una síntesis maravillosa de toda la simbología esotérica que hemos heredado de la tradición Occidental. Gran parte de esta simbología fue adoptada más tarde por el cristianismo en sus imágenes religiosas.

Yo había mirado la imagen de la Virgen de Guadalupe durante años -como todos los mexicanos, pues es un símbolo de nuestra identidad cultural-, pero realmente nunca la había visto, hasta que Jodorowsky me enseñó a verla con ojos espirituales.

Después de este curso de Tarot impartido por Jodorowsky, conocí a un amigo, Jorge Valencia, que se dedicaba a la lectura profesional del Tarot. Motivado por la curiosidad, le solicité una consulta. Quedé asombrado por la exactitud de su lectura de las cartas y le pedí que me enseñara a leer el Tarot. Accedió, y durante varias sesiones me fue introduciendo en los secretos de la Cartomancia.

Recuerdo que Jorge me advirtió que si realmente deseaba ser buen intérprete de las cartas, debía tener libros y estudiarlos a fondo. Así lo hice, adquirí algunos de los libros que me recomendó, los estudié, y al cabo de algunos meses empecé mi actividad como intérprete del Tarot con mi familia y algunas amistades. Algunos de ellos me comentaron que mis interpretaciones eran correctas y exactas; esto me dio ánimo para continuar, y algún tiempo después empecé a ofrecer consultas los fines de semana en un café del pueblo colonial y bohemio que se llama Tepoztlán –lugar famoso por su tradición esotérica–, que se encuentra en un lugar cercano a la ciudad de México.

Poco a poco me fui haciendo de modesta fama y clientela; algunas personas regresaban solicitando una segunda consulta, pues afirmaban que mis predicciones de la semana pasada ya se habían cumplido. Esto me hizo adquirir mayor seguridad y soltura como intérprete de las cartas.

Desde entonces me he dedicado a trabajar con el Tarot en todas las ciudades y pueblos donde he vivido, tanto en México como en otros países.

Es maravilloso todo lo que he aprendido y recibido del Tarot desde entonces; no solamente desde el punto de vista material, sino también la estimación y gratitud de mis clientes, y el respeto de mis familiares y amigos. He dado cursos de Tarot en algunas ciudades de México, y ha sido una experiencia interesante y enriquecedora.

Por todo ello me siento lleno de gratitud. Gracias a Dios, que me permitió tener acceso a este conocimiento sagrado; gracias al Tarot, por enseñarme a conocer mi alma; gracias al maestro Jodorowsky, por abrir mis ojos al mundo espiritual; gracias a todas las personas que buscaron mi predicción, por darme la oportunidad de ayudarles a conocerse a través de la interpretación de las cartas...

Y finalmente, gracias a ti, estimado lector, por permitirme compartir contigo el arte del Tarot, llave maestra que te permitirá contemplar el interior de tu alma.

Enrique González-Rubio Montoya

INTRODUCCIÓN

El Tarot, además de la aplicación adivinatoria –la más conocida–, puede ser de enorme utilidad como herramienta para el auto-conocimiento, para la comprensión de nuestra situación psicológica, la resolución de conflictos internos, y posteriormente, resulta un medio sagrado para el despertar de la conciencia.

A través de mi experiencia personal, he constatado una y otra vez que las personas que llegan a una consulta del Tarot lo hacen porque tienen algún problema con la importancia suficiente para quitarles el sueño y la tranquilidad; llegan con actitud de angustia, tristeza o preocupación. Durante la sesión, observo cómo va cambiando la expresión del rostro, se va suavizando y relajando. La mayoría de las veces, al terminar, salen reflejando tranquilidad y esperanza, y frecuentemente, sonriendo. Las cargas psicológicas, las sombras y los temores han desaparecido de su mente, a través del efecto de mirar las figuras y escuchar las palabras que explican el significado de las cartas que han salido sobre el tapete.

Toda esta experiencia me ha llevado a la comprensión de que si pretendemos realmente ayudar a los individuos que acuden a una consulta, tenemos que reforzar su capacidad de dirigir conscientemente su propia vida, y proporcionarles un medio de crecimiento que les permita llegar a ser mejores personas.

Esto será más eficiente y liberador que la simple predicción, dejando claro al consultante que estamos continuamente creando nuestra realidad externa a partir de nuestros pensamientos. Por otro lado, la predicción sin más deja al consultante con una sensación de ser vulnerable y encontrarse indefenso ante un "destino inexorable"; esa sensación de debilidad le impedirá tomar sus propias decisiones y hacerse cargo de su propia vida.

Generalmente las personas culpan al "destino" de sus problemas, sin darse cuenta de que ellas mismas han generado su realidad, y por tanto, son ellas mismas también quienes pueden transformarla.

No trataré, de ninguna manera, de hacer de este texto un manual interpretativo para conocer lo que llaman "la suerte", o lo que nos depara el "destino" a través del significado de las cartas: Estoy convencido de que no existe cosa alguna a la que podamos llamar "suerte", ni tampoco lo que llaman "el destino"; lo que creo es que existe la ley del karma, que es la ley de causa y efecto.

Este texto está dirigido a personas libres de prejuicios religiosos y temores arcaicos respecto al Tarot, que tengan un deseo sincero de aprender a usar las cartas de la mejor manera posible, interesadas en su crecimiento personal, independientemente de su posición filosófica o religiosa.

Para estudiar el Tarot no es necesario que abandone sus creencias –de ninguna manera–, más bien puedo afirmar con certeza que el estudio de los Arcanos le ayudará a comprender mejor la simbología que se utiliza en la religión que practica.

Además de la enorme cantidad de libros que han sido publicados en diversos idiomas como método para el aprendizaje del uso del Tarot, la mayoría de ellos explicando el significado adivinatorio de las cartas y la forma de efectuar las tiradas para hacer predicciones o interpretar "la suerte" del consultante respecto a una realidad externa, existe también una gran cantidad de textos que ofrecen el estudio del Tarot como una técnica para interpretar lo que depara el destino y explicar las situaciones del pasado, presente y futuro del consultante a partir de significados cifrados en las figuras de las cartas.

Este trabajo se realiza con la intención de ir un poco más allá de los supuestos aceptados como condiciones de la vida cotidiana que enmarcan un suceso en la vida del consultante en relación con sus expectativas, y que espera escuchar en una lectura de cartas, solamente para confirmar lo que le dice su ego.

Por el contrario, me centraré en los contenidos y motivaciones inconscientes que esa persona manifiesta en sus actitudes, a través de los símbolos contenidos en los Arcanos del Tarot.

Esto significa que si somos honestos, muchas de las cosas que tenemos que decirle al individuo en cuestión, no le van a gustar a su ego, que seguramente está acostumbrado a la auto-complacencia y el engaño. El Tarot es, en este sentido, frío e implacable, como un bisturí que realiza una disección, pero eso permite extraer los tumores del alma. Es como la figura de la Justicia, cuando usa su espada; pero además los Arcanos siempre nos dan la solución del problema, son sabios consejeros. Nuestra responsabilidad como intérpretes es ser honestos al hacer el diagnóstico, y hacer saber cuál es la solución que señalan las cartas a través de su mensaje; el escuchar o no el mensaje, el hacer o no lo que el Tarot aconseja, es responsabilidad exclusiva del consultante.

Al ser considerado el Tarot como el símbolo supremo de las artes adivinatorias, se incluirá también este aspecto del uso de las cartas, pero considerando primordialmente la mutua dependencia entre los contenidos simbólicos y las motivaciones ocultas de la vida psíquica del consultante, tal como se pueden establecer en una sesión de lectura.

En otras palabras: las cartas que aparecen en una consulta, son un reflejo exacto de los procesos inconscientes que se encuentran actuando en la vida de la persona. Todo lo que vemos en la lectura está en su mente, pero en su mente inconsciente.

El Tarot, al contener en sí mismo los arquetipos del inconsciente colectivo, se convierte de hecho en un espejo del alma.

Todo buen lector del Tarot se vuelve un profundo psicólogo, aprende a detectar las motivaciones inconscientes; ayudando al consultante a descubrir las causas ocultas de su comportamiento y sus problemas. Ocultas en el sentido de que no es consciente de su presencia e influencia dentro de su propia mente.

A través de las cartas, se traza un "mapa" de la situación psicológica o laberinto mental de la persona que realiza la consulta; este mapa, además, nos muestra la salida de este laberinto.

El intérprete del Tarot debe volverse también un terapeuta, capaz de ofrecer la ayuda psicológica adecuada a las necesidades de la persona que acude buscando respuestas.

Este escrito está dirigido a todo aquel que desee aprender a interpretar las cartas del Tarot con un propósito de sanación interna que va un poco más allá de la adivinación, enfocado más bien a la solución de problemas concretos en la vida del consultante. El propósito de esta clase de consultas es ayudar a la persona a arrancar de raíz la causa de los problemas. Esto se logra trasladando a la mente consciente lo que antes estaba oculto en la mente subconsciente.

Toda imagen que percibimos es automáticamente grabada en el archivo del subconsciente, sea esta imagen proveniente de nuestro entorno, de fotografías, películas o imágenes impresas. Las imágenes definidas tienen un poder impulsor. Como las semillas tienen vida en sí mismas. También lo que hace y piensa es registrado por ese subconsciente. Muchas personas están enfermas porque tienen esta parte de la mente saturada de pensamientos negativos sobre sí mismos y sobre lo que les rodea.

Las imágenes de los Arcanos del Tarot tienen un enorme poder para quedar grabados en el subconsciente, y al quedar impresos, empiezan a operar a nivel curativo, de una manera lenta y sutil, pero efectiva, transformando patrones y esquemas de conducta. Este maravilloso poder terapéutico de las imágenes del Tarot y su aplicación en nosotros mismos y en nuestros consultantes, le dará una dimensión más profunda a las lecturas que realice.

El Tarot, como herramienta psicológica, sirve inicialmente para realizar el diagnóstico del problema, y posteriormente, como instrumento curativo de la psiquis y las emociones, a través de prácticas como la contemplación y visualización de los Arcanos.

Capítulo 1

Visión psicológica del Tarot.
Los Arcanos y la psique humana

"...Para sanar, el consultante no debe huir del sufrimiento, sino que, viéndolo frente a frente, ha de asumirlo para luego librarse de él..."

Jodorowsky, *La Vía del Tarot*.

El Tarot es un espejo del alma, un instrumento maravilloso para el conocimiento de uno mismo. Los 22 Arcanos Mayores son un "mapa" de la psique humana, que abarca sus aspectos fundamentales; descubrirlos e identificarlos en uno mismo, es el camino del auto-conocimiento.

El uso correcto de las cartas nos permite desentrañar los misterios del inconsciente y resolver nuestros conflictos internos. Utilizar el Tarot es semejante a tener un consejero espiritual en casa, disponible en todo momento.

La mayoría de las personas acude al Tarot pensando que les permitirá conocer el futuro en determinado aspecto de su vida: amor, dinero, trabajo, etc., pero esto se debe a que no son conscientes de que ellos mismos diseñan su vida, incluyendo su futuro, a través de sus pensamientos y acciones. Este "diseño de la propia vida" está regido por la ley universal del karma, que es la ley de causa y efecto. En otras palabras: cosechamos lo que hemos sembrado.

Tratar de predecir el futuro no es el mejor uso que se le puede dar a las cartas: Lo más significativo del Tarot es que nos permite descubrir los obstáculos que se ocultan en nuestra mente subconsciente, lo que nos impide fluir armoniosamente en la vida, tener éxito y ser felices. El Tarot es una herramienta inestimable para el auto-conocimiento y para la resolución de conflictos y bloqueos psicológicos.

Ningún problema puede ser resuelto si desconocemos su causa; el Tarot nos permite saber cuál es el origen del problema y nos dice cómo resolverlo.

Si aprendemos a interpretar esa imagen de nuestra propia alma reflejada a través de los símbolos contenidos en las cartas, sabremos cuáles son los conflictos o nudos psicológicos que venimos arrastrando desde la infancia, y las cartas nos dirán cómo disolverlos. En este sentido el Tarot es un profundo psicólogo, un sabio consejero, un maestro implacable que a veces nos golpea con la vara de la verdad —y ésta duele— pero hace que sanen nuestras heridas. En este sentido el Tarot actúa como un cirujano.

Todos llevamos un niño dentro, un niño que la mayoría de las veces ha sido herido en sus sentimientos, por sus padres, sus hermanos, sus parientes, sus compañeros de escuela, sus profesores, etc., y requiere que algo o alguien cure sus heridas. El Tarot es un sanador, un médico del alma, un maestro.

El verdadero propósito con el que fue creado el Tarot, es el de servir como un valioso instrumento para el conocimiento de nosotros mismos, en los aspectos más profundos del alma o psique, en sus aspectos subconscientes –esa parte a veces tan inaccesible–, que estudiaron los sabios de la antigüedad que crearon estos símbolos o Arcanos. Estos maestros antiguos descubrieron que las imágenes poseen un gran poder para penetrar, grabarse y remover energía del subconsciente, la parte de nuestra mente que generalmente no vemos, pero que es la causa de la mayoría de nuestros pensamientos y acciones.

El conocimiento de uno mismo que se logra con el Tarot, nos permite detectar nuestros traumas psicológicos, resolver conflictos, superar fobias, etc., y es solamente a partir de este nivel de resolución, que podemos acceder a planos superiores o transpersonales de conciencia, lo que se conoce como mundo espiritual.

Muchas religiones no tienen en cuenta estos factores, y el resultado es que sus iglesias están llenas de miembros devotos y sinceros, no lo ponemos en duda, pero desafortunadamente, enfermos de traumas psicológicos que sufren desde la infancia.

Este estado mental y emocional enfermizo les impide alcanzar el verdadero estado de comunión espiritual con la divinidad. No son felices, y piensan que es "voluntad de Dios", que sufran una vida desdichada, como forma de expiación por sus pecados. Se sienten llenos de culpas, inhibiciones, temores y fobias que les fueron inculcados desde su más temprana edad; y con todas esas cargas psicológicas, pretenden adorar a Dios y santificarse. Toda esta carga negativa les impide conocer la verdadera vida espiritual que podrían encontrar a través de la religión. Lo mismo ocurre con personas que no son religiosas, pero fueron educadas dentro de una estricta moralidad, restrictiva y represora de su sexualidad y la libre manifestación de sus emociones y sentimientos.

Los símbolos contenidos en los 22 Arcanos Mayores o cartas principales del Tarot, corresponden a los arquetipos básicos del inconsciente colectivo estudiado por el Dr. Jung. Entre ellos podemos mencionar: la Madre, el Padre, el Bien, el Mal, el Sexo, la Vida, la Muerte, la Resurrección, el Estancamiento, la Evolución, la Involución, los Ángeles y los Demonios, etc.

Todos los humanos tenemos grabados estos arquetipos universales, representados de alguna manera en lo más profundo de la mente inconsciente, que se van transmitiendo de padres a hijos, conformando nuestra personalidad y determinando nuestra conducta, a partir de la infancia y a lo largo de toda nuestra vida.

Conocer estos arquetipos y resolver los posibles conflictos inherentes a los mismos, es parte del proceso de nuestra evolución personal. Por ello el Tarot es una herramienta de gran utilidad para ayudarnos en este proceso de conocimiento interno liberador.

DIVISIÓN DEL TAROT

22 Arcanos o Misterios Mayores

Son 22 arquetipos o símbolos universales del inconsciente colectivo, que representan facetas de la psique del ser humano. Algunos tarotistas trabajan exclusivamente con estas cartas, pues han descubierto que en ellas se contiene lo más profundo y esencial del alma humana, así como un "mapa" del interior de la conciencia y el estado psicológico evolutivo en el que se encuentra una persona.

40 Arcanos Menores

Representan algunas actitudes y diferentes eventos en la vida del consultante, así como algunos elementos de su entorno. Se refieren más bien al aspecto externo, social y cotidiano de la vida de una persona, a la forma de relacionarse con su entorno familiar y social.
16 figuras de la Corte: cuatro Reyes, cuatro Reinas, cuatro Caballeros (Caballo) y cuatro Pajes (Sota).
Representan distintos caracteres, formas de ver la vida, actitudes emocionales del consultante, y de las personas que se relacionan con su vida, como pueden ser los padres, hermanos, amistades, parejas, maestros, jefes, etc. Todas estas personas afectan de alguna manera al consultante, por eso aparecen en la lectura o consulta.
Total: 78 cartas, que permiten un infinito número de combinaciones.

El significado esotérico de las cartas es profundo y extenso; incluye aspectos espirituales, astrológicos, numerológicos, etc., y ha sido, tradicionalmente, materia de rigurosos textos dedicados al tema. El presente estudio no se ocupará realmente de estos aspectos, que han sido más que suficientemente analizado por otros autores.

Para los fines prácticos de consulta de tipo terapéutico y de crecimiento personal, será suficiente con tomar como base la interpretación del Tarot Rider -el cual reproducimos a continuación-, con breves anexos correspondientes al significado numerológico, lectura del amor y comentarios donde se describe el carácter de la persona representada en esa carta. No se trata de significado adivinatorio, sino más bien descriptivo, de tipo psicológico.

Se ha llamado "consultante" a quien pregunta al Tarot, independientemente de que sea hombre o mujer.

Significado psicológico de las cartas del Tarot: Arcanos mayores

0. El Loco

Cero: Representa el inicio de un viaje espiritual, o de una etapa en la vida.
Confianza, ideales, esperanza de un futuro brillante. El consultante es un poeta, soñador, idealista. Necesita aprender a realizar sus ideas, tomar contacto con la realidad material.
Reverso: Negligencia, distracción, descuido, apatía y vanidad. Extravío mental, falta de congruencia en la vida, persona desordenada.
Amor: Amor ideal que no existe.
Aplicación terapéutica: Para eliminar la depresión, el desánimo, el aburrimiento.

Este alegre viajero nos devolverá el gusto por la vida y la alegría. Representa al ser libre de ataduras, espontáneo y feliz; es la libertad del espíritu. Es el explorador del cosmos, libre de temores y apegos. Contemple detenidamente la figura de El Loco, un mínimo de 5 minutos, tratando de no pensar en nada. Observe cada detalle, hasta que sea capaz de reproducir la imagen en la pantalla de su mente. Al concluir esta práctica de contemplación, cierre los ojos y visualice esta carta 5 minutos al día. Si lo hace con regularidad y constancia, se librará de la depresión.

1. El Mago

Uno: Indica un nuevo comienzo y un cambio de tipo evolutivo.

Habilidad, diplomacia, audacia, confianza en sí mismo y determinación.

El consultante hace un uso adecuado de la inteligencia, posee claridad mental, pero quizá le falta aplicar esta inteligencia en la acción concreta.

Reverso: Auto engaño, mentiras y mal uso del poder.

Amor: El comienzo de un nuevo amor, un nuevo amante o una nueva amistad.

Aplicación terapéutica: Para superar la falta de concentración y confusión mental. El Mago es un maestro en el control de la mente. El Mago sabe que la mente tiene el poder de materializar los pensamientos, y conoce la manera de ejercer ese poder en su vida. Cualquier cosa que imagine intensamente puede cumplirse. Ése es el gran secreto de la magia: Todo proceso de materialización se inicia como una imagen mental; si esta imagen tiene la fuerza y persistencia suficiente, se grabará en el subconsciente, el cual se encargará de realizar el resto del trabajo necesario para la consecución de nuestro fin.

2. La Sacerdotisa

La SUMA SACERDOTISA

Dos: Indica un período de gestación, espera y expectativa de un gran éxito en el futuro.

Tiempo de gestación antes de que las metas se puedan realizar. Importancia de usar este tiempo sabiamente.

El consultante tiene inclinación al ocultismo, facultades psíquicas, vida espiritual profunda, intuición desarrollada, buena memoria. Apego a los recuerdos.

Reverso: Ignorancia, vanidad, sabiduría superficial y una naturaleza inmoral.

Amor: Amor que se origina desde una fuente espiritual.

Aplicación terapéutica: Para superar problemas de memoria y desarrollar la intuición.

La Sacerdotisa es la gran maestra de la intuición y la memoria. Posee el secreto de todos los misterios de la mente, llega hasta lo más profundo. Es nuestro subconsciente, el lado oculto de la luna, la portadora de sabiduría. Contemplar su imagen y después visualizarla nos da acceso al archivo mental de experiencias acumulado a través de toda la vida.

3. La Emperatriz

La EMPERATRIZ

Tres: Sugiere involucrar a más de una persona. Habrá un período de gestación de proyectos antes del éxito.

Fructificación, emociones, desarrollo, creatividad y fertilidad.

En el caso de consultantes femeninas, inclinación a la maternidad; la mujer ya es madre o anhela serlo, quizá está embarazada. Si es hombre, estamos ante una persona creativa, con inclinación artística.

Reverso: Indolencia, ignorancia, inacción y desgaste.

Amor: Fuerte relación con la madre. Habla de una pareja madura y seria.

Aplicación terapéutica: Para resolver problemas relacionados con la falta de creatividad.

La Emperatriz representa la fertilidad en todos sus aspectos. Es la musa inspiradora, la fecundadora de la mente. Hace surgir ideas brillantes y proyectos creativos de lo más profundo del subconsciente. A las mujeres les ayudará a ser mejores madres; a los hombres les dará capacidad creativa ilimitada.

4. El Emperador

El EMPERADOR

Cuatro: Indica la realización de nuestras metas.

Nuevas oportunidades que se presentan por sí mismas. Cimientos sólidos, traerán el éxito del consultante. La persona se encuentra en una etapa de consolidación de sus metas, tiene seguridad en sí mismo y estabilidad. La influencia de la imagen del padre es muy fuerte.

Reverso: Inmadurez, tendencias impulsivas, obstrucción y precipitación. Actitudes machistas, tirano, reflejo de haber tenido un padre dictador.

Amor: Fuerte relación con el padre. Amor estable formal y duradero.

Aplicación terapéutica: Para resolver problemas de baja autoestima. El Emperador nos pondrá en el trono de nuestro reino personal, que es nuestra vida. Nos permite recobrar la autoridad que hemos perdido sobre nosotros mismos. Representa el poder de decisión, la capacidad de mando. Nos devolverá la autoestima y la seguridad en nosotros mismos. Debe contemplarse esta imagen, y después visualizarse a sí mismo con el atuendo del emperador.

5. El Sumo Sacerdote

El SUMO SACERDOTE

Cinco: Tiempo de cambios y período de altibajos. Énfasis en la relación con otras personas. El consultante tiene inclinación al misticismo, se encuentra en una etapa en la que tiene necesidad de un maestro espiritual. Importancia de los compromisos y la fuerza de las relaciones; debe perseverar y continuar con las mismas.

Reverso: Debilidad, credulidad, necesidad de tolerancia y comprensión.

Amor: Se relaciona con el amor verdadero. Hincapié en la vida religiosa.

Aplicación terapéutica: Para encontrar la solución a cualquier problema.

El Hierofante es el maestro interno, la voz interior de Dios. Es el portavoz de lo divino, supremo, capaz de escuchar la voz celestial del que todo lo sabe. Nos dará la respuesta correcta a cualquier pregunta.

6. *Los Amantes*

Los ENAMORADOS

Seis: Adaptabilidad, habilidad para cambiar en épocas de dificultades. Cautela al tomar las cosas con un valor superficial. Es importante decidir correctamente. El consultante se encuentra viviendo una etapa de exaltación del amor, relaciones, romance y, en general, armonía en las relaciones con los demás.

Reverso: Fracaso, ruptura de una relación.

Amor: Pasión sexual, nuevo amor, posibilidad de reavivar una relación ya existente.

Aplicación terapéutica: Para resolver los problemas de pareja o de relaciones en general.

Los Amantes nos enseñan a armonizar las relaciones.

Los Amantes son nuestra mente consciente y nuestra mente subconsciente, iluminadas por la supraconciencia, representada por el ángel. Si tenemos problemas de pareja, esta visualización nos permitirá encontrar verdadera comprensión y armonía con el ser amado. Contemple detenidamente las figuras del arcano, y después visualice que usted y su pareja son estas figuras protegidas e iluminadas por la sabiduría del ángel.

7. El Carruaje

Siete: Temporada de soledad y cuestionamiento de uno mismo. Cambio, previsión, triunfo, superación de problemas y dificultades.

El consultante se encuentra en una etapa de afirmación de la personalidad, el ego se fortalece y se prepara para enfrentarse al mundo.

Reverso: Litigios, disputa, derrota.

Amor: Problemas amorosos, los cuales son el resultado de tener una pobre imagen de sí mismo. Amistad con relaciones sexuales.

Aplicación terapéutica: Para vencer la timidez y afrontar dificultades.

El Carruaje es el guerrero triunfador que vive en nuestro interior. Es el conquistador de territorios espirituales y psicológicos. Esta visualización nos lleva a la victoria en cualquier situación, y nos da el valor y las armas necesarias para dar cualquier batalla. Véase a sí mismo dirigiendo El Carruaje, conquistando los territorios que necesita en su vida.

8. La Fuerza

Ocho: Son muy positivos e indican cambios favorables. Éxito en liderazgo, energía, acción, equilibrio. El consultante posee una gran pasión sexual e intensidad de las emociones; necesita aprender a controlar ambas cualidades.
Reverso: Debilidad, discordia, desgracia y falta de fe.
Amor: La relación amorosa alcanzará su cima.
Aplicación terapéutica: Para eliminar vibraciones negativas.
La Fuerza es nuestra hada protectora. La Fuerza nos vuelve invulnerables ante cualquier ataque de magia ne77gra o malas vibraciones. Imagine que el león devora cualquier vibración negativa, limpiando su aura y poniéndolo a salvo.

9. El Ermitaño

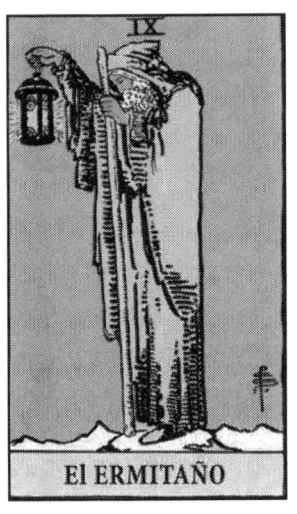

El ERMITAÑO

Nueve: Terminación de los sucesos.

Sabiduría, prudencia, soledad, fe, discriminación. El consultante necesita soledad, meditación y búsqueda interior. Debe retirarse del mundo y refugiarse en sí mismo durante algún tiempo para encontrar claridad.

Reverso: Falta de fe, precaución irracional, mente y corazón cerrados.

Amor: Debe amarse primero a sí mismo para poder mantener una relación con los demás.

Aplicación terapéutica: Para recibir luz y claridad cuando no sabemos qué hacer.

El Ermitaño es el sabio consejero que vive en nosotros. Es la voz interna del anciano sabio que vive en cada ser humano, pero que solamente nos habla en la soledad y el silencio. El Ermitaño es portador de conocimiento profundo de sí mismo. Visualícese en su espacio solitario, en la cima de la montaña interior, y se volverá sabio.

10. *La Rueda de la Fortuna*

La RUEDA DE LA FORTUNA

Diez: Nuevo comienzo y cambio. La clave para el éxito es la adaptabilidad. Cambios de naturaleza positiva. La fuerza del karma (ley de acción y reacción) está actuando en la vida del consultante, en los aspectos señalados por las cartas contiguas.

Reverso: Mala suerte, incertidumbre y declinación.

Amor: Un nuevo ciclo amoroso está por comenzar. Puede ser un nuevo amor o la renovación de uno actual.

Aplicación terapéutica: Para suplir carencias intelectuales, sentimentales o materiales. Para tener prosperidad.

La Rueda nos conecta con la prosperidad. Es la rueda del karma girando a nuestro favor, haciéndonos participar del juego cósmico de la armonía y la abundancia en todos los aspectos de la vida. Esta visualización atrae las oportunidades que necesitamos para tener éxito en la vida. Véase a sí mismo de pie frente a La Rueda, recibiendo la prosperidad de la fuente inagotable, en forma de luz violeta que surge de ésta y lo cubre por completo.

11. La Justicia

La JUSTICIA

Once: Período de gestación, de espera y expectativas. Igualdad, rectitud, triunfo y equilibrio. Audiencia legal favorable. Persona de principios éticos sólidos, posiblemente heredados de la madre, que representa una figura con gran autoridad. El consultante tuvo o tiene una madre severa.

Reverso: Complicaciones legales, intolerancia, severidad excesiva.

Amor: Equilibrio en la relación, mutuo respeto.

Aplicación terapéutica: Para ganar pleitos y superar conflictos.

La Justicia es nuestra guía en asuntos de moral y ética. Representa la parte honesta y recta de nosotros mismos; visualizarla nos dará sentido de equidad y justicia, balance perfecto y armonía en nuestras acciones. Con su espada destruirá toda mentira y falsedad, y nos dará el triunfo en la medida en la que seamos honestos con nosotros mismos y con los demás.

Visualícese ataviado con los ropajes de La Justicia, midiendo y pesando las acciones, y emitiendo luz verde que brota de su espada y se dirige hacia todos los involucrados en el caso a tratar. Esto hará que prevalezca lo justo en toda situación.

12. El Colgado

El Colgado

Doce: Período de actividad suspendida antes de lograr el éxito. Sabiduría, prudencia, sacrificios, intuición. Persona dispuesta a sacrificarse por sus ideales y metas en la vida. Místico, idealista. **Reverso:** Egoísmo, falta de esmero, falta de compromiso. **Amor:** Inhibiciones y problemas de pasado.

Aplicación terapéutica: Para vencer las adicciones y los malos hábitos que la persona pueda tener en su vida.

El Colgado nos enseña el valor del sacrificio. Representa la inversión total de nuestra forma de percepción de un asunto, ver las cosas desde el lado opuesto al habitual, cambiar nuestra visión del mundo, sacrificar algo a cambio de algo mejor.

Este Arcano representa un sacrificio que se realiza por alcanzar un ideal. Visualícese a usted mismo en el lugar de El Colgado, renunciando a todo lo que le impide alcanzar un nivel superior de conciencia; esto le permitirá abandonar hábitos nocivos, ya sea mentales o físicos.

13. *La Muerte*

La MUERTE

Trece: Realización de nuestras metas.

Cambios, conclusiones, renacimientos y comienzos. El consultante se enfrenta a cambios radicales que dejan atrás el pasado. **Reverso:** Estancamiento, inercia, letargo y destrucción. **Amor:** Muerte de un viejo amor e inicio de uno nuevo. **Aplicación terapéutica:** Para vencer el temor a la muerte y renovar nuestra vida.

La Muerte es solamente un paso hacia otra vida. Nuestro temor a la muerte surge de nuestra ignorancia. La enseñanza primordial es que la muerte del cuerpo físico no es el final de nuestra existencia; es solamente un cambio de una etapa a otra. Para que nazca lo nuevo, tiene que morir lo viejo. Esto se aplica a todas las áreas de la vida. Visualizar a La Muerte nos hará comprender que somos eternos, y que ninguna situación humana es para siempre, pues nuestra vida está regida por ciclos de cambio y transformación. Visualice al jinete de este Arcano, rodeado de las situaciones del pasado que desea que desaparezcan; al paso del caballo de La Muerte, estas situaciones dejarán de tener poder sobre usted y quedarán atrás.

14. La Templanza

La TEMPLANZA

Catorce: Época de cambios y de altibajos. Moderación, frugalidad, administración, ajuste y economía. El consultante es una persona que ama su profesión o actividad; sabe utilizar la paciencia y tolerancia con los demás. **Reverso:** Conflictos, intereses competidores, divisiones y hostilidades. Falta de tolerancia. **Amor:** Armonía total entre los amantes.

Aplicación terapéutica: Es adecuada para recibir protección espiritual, haciendo que aumente nuestra fortaleza.

La Templanza representa al Arcángel Miguel, vencedor del mal. Es nuestra supraconciencia, que nos protege del error y la ignorancia. La visualización de este Arcano nos proporciona equilibrio interno, armonía, paz y bienaventuranza. Nos hace fuertes y tolerantes. Visualice a este Arcángel caminando siempre delante de usted, abriéndole paso y protegiéndolo en todas las situaciones. Esta visualización puede utilizarse al atravesar por lugares de riesgo.

15. *El Diablo*

El DIABLO

Quince: Adaptabilidad y necesidad de hacer cambios en épocas de dificultades. Violencia, fuerza, fracaso, desastre, muerte y acontecimientos siniestros. Esta persona está llena de ira, represión sexual, tendencia a la perversión mental y la autodestrucción. **Reverso:** Debilidad, mezquindad y ceguera. **Amor:** Inmoralidad. Pérdida del amor verdadero. Búsqueda del placer físico.

Aplicación terapéutica: Para neutralizar todo el mal que nos aceche y evitar el daño que nos pueda causar. El Diablo es el arquetipo todo lo destructivo que hay en nosotros. Es a la vez nuestra parte animal, instintiva, conectada directamente con la libido o impulso sexual. Tiene la capacidad de absorber en sí mismo todo lo negativo. No debemos tener miedo de él, sino ponerlo al servicio del espíritu, haciéndole doblegarse ante el Poder Superior. Es el león que debe ser controlado por la mente consciente, como puede verse en la carta de La Fuerza.

16. La Torre

La TORRE

Dieciseis: Temporada de soledad y de hacerse preguntas a uno mismo. Acontecimientos inesperados, separación, miseria, adversidad. El consultante se enfrenta a ciertas crisis que derrumban sus valores y creencias. **Reverso:** Opresión, encarcelamiento, depresión que porgresa poco a poco. **Amor:** Divorcio, infidelidad, problemas sexuales.

Aplicación terapéutica: Para defensa contra las diversas vibraciones negativas que puedan existir en ese momento en nuestra vida.

La Torre aprisiona las malas vibraciones y no las deja llegar a nosotros. Debemos visualizar cualquier amenaza contra nosotros, encerrada en esta fortaleza. Nos ayudará a disolver nuestros fantasmas, y a no temer los cambios. Otra opción es visualizar cualquier situación desagradable que desee que llegue a su fin, encerrada en la Torre; entonces verá aparecer un rayo proveniente del cielo, que choca contra La Torre y la destruye, acabando con la situación que desea que concluya en su vida.

17. La Estrella

La ESTRELLA

Diecisiete: Muy positivo e indica cambios favorables. Esperanza, nuevas oportunidades y recompensas justas. El consultante es una persona optimista, mente positiva, cree en la vida. **Reverso:** Pérdida, impotencia, ausencia de éxito. **Amor:** Capacidad para la reparación de una ruptura. Esperanza en el futuro.

Aplicación terapéutica: Para enviar mensajes mentales positivos.

La Estrella es nuestra mensajera de luz, el hada buena que juega con las estrellas. Esta visualización nos volverá optimistas y permitirá que contagiemos nuestro optimismo a otros. Asimismo nos permite enviar mensajes telepáticos positivos, si visualizamos que del cántaro de su mano derecha emana el mensaje que deseamos enviar al gran océano del inconsciente colectivo, haciendo que lo reciba la persona a quien está dirigido.

18. La Luna

Dieciocho: Terminación de acontecimientos.

Cautela, peligros, amenazas. Esta persona no es consciente de los peligros, malas influencias de personas negativas que le rodean. Posiblemente sufre depresión, pesadillas, inconsciencia de sí mismo.

Reverso: Inestabilidad, inconsistencia, situación difícil.

Amor: Búsqueda del alma gemela.

Aplicación terapéutica: Para controlar los sueños y evitar pesadillas.

La Luna representa todos nuestros temores inconscientes, el lado oculto de la luna. Esta visualización nos permitirá disolver pesadillas y temores inconscientes, que son nuestros enemigos ocultos. Nos permitirá enfrentar nuestro lado oscuro y quitarle poder sobre nuestras vidas. Visualice estar en el interior de este Arcano, y una vez allí, imagine una escena hermosa en la que le gustaría encontrarse en sueños; después simplemente quédese dormido.

19. *El Sol*

El SOL

Diecinueve: Nuevos comienzos y cambios. Felicidad material, satisfacción, triunfo y uniones exitosas. Persona que cree en la felicidad y la vive. Alta autoestima. Posee todos los elementos para tener éxito en la vida. **Reverso:** Triunfos menores, debe ser cauteloso. **Amor:** Posibles problemas o rupturas (cambios). **Aplicación terapéutica:** Para obtener salud y curar enfermedades.

El Sol es nuestro "niño divino interior", y tiene poder de sanación sobre todas las enfermedades. Es la energía solar que resucita a los muertos y sana a los enfermos. Esta visualización nos permite curarnos a nosotros mismos o a otros. Visualice a este niño divino tocando y sanando la parte enferma, ya sea en usted o en la persona a la que desea ayudar. Después véalo subir nuevamente a su caballo.

20. El Juicio

El JUICIO

Veinte: Período de gestación y expectativas por sucesos futuros. Cambios importantes, nuevas relaciones, nueva carrera o nueva casa. El consultante está a punto de superar un período de depresión y desánimo, debido a nuevos sucesos positivos en su vida. Está preparado para el auto-conocimiento.

Reverso: Debilidad, atraso, discusión.

Amor: Exige cambio en la sexualidad física, el consultante debe examinar su pasado. Debe buscar consejo.

Aplicación terapéutica: Para obtener equilibrio emocional cuando éste falla.

El Juicio representa la resurrección del alma que ha sido liberada de sus cadenas. El ángel es el portador de buenas nuevas y felicidad a nuestras vidas, nos saca de la oscuridad del subconsciente y nos lleva a la luz de la conciencia. Esta visualización nos permite superar depresiones y ansiedades. Visualice que usted es el niño que aparece en el Arcano, y que de la trompeta del arcángel surge una luz dorada que lo baña a usted completamente, llenándolo de energía positiva.

21. El Mundo

El MUNDO

Veintiuno: Más de una persona involucrada. Período de actividad suspendida antes del éxito. Éxito asegurado, viaje, emigración, metas logradas. Persona de éxito, ha logrado encontrarse a sí misma. Se funde con el mundo que le rodea sin impedimentos.

Reverso: Inercia, estancamiento.

Amor: Amor total, consumación del verdadero amor.

Aplicación terapéutica: Para proteger valores materiales contra pérdida o robo.

El Mundo es el reino que debemos conquistar y proteger. Esta visualización nos permite recuperar el gozo de vivir, el optimismo, la capacidad de confiar, sentirnos seguros, jugar, bailar y ser felices. También nos da seguridad y protección de lo que poseemos. Visualice que todas las cosas que desea proteger (objetos, valores, su automóvil, su casa, etc.,) se encuentran atrás de la danzante cósmica, envueltas por la corona vegetal que la rodea. Todo lo que coloque ahí, estará protegido.

SIGNIFICADO PSICOLÓGICO DE LAS CARTAS DEL TAROT: ARCANOS MENORES

BASTOS

Proyectos, inspiraciones, deseos y metas.
Aries-Leo-Sagitario.

As de bastos

Uno: Nuevos comienzos.
Creación, invención, iniciativa, nacimiento, virilidad y fortuna.
El consultante tiene un proyecto o meta que le colma de entusiasmo y energía.
Reverso: Decadencia, ruina perdición.
Amor: Amor creativo y espiritual.

Dos de Bastos

Dos: Período de espera y expectativa y de gran éxito en el futuro. Audacia, necesidad de independencia, dominación de otros y separación. Persona con deseos de crecimiento profesional y económico. **Reverso:** Tristeza, problemas, pérdida. **Amor:** Incomprensión que aleja a la pareja.

Tres de Bastos

Tres: Más de una persona está involucrada. Suspensión de actividad antes del éxito. Fuerza establecida, empresa, esfuerzo, comercio y descubrimientos. El consultante amplía sus horizontes y desarrolla su profesión o trabajo. **Reverso:** Decepciones, trampas y traiciones. **Amor:** Busca de objetivos comparti-dos con la pareja.

Cuatro de Bastos

Cuatro: Realización de nuestras metas más personales.

Armonía, refugio, paz, prosperidad. Esta carta indica que el consultante es una persona creativa y se siente feliz con lo que hace.

Reverso: Igual.

Amor: Realización, unión física y espiritual.

Cinco de Bastos

Cinco: Temporada de cambios y altibajos.

Competición extenuante, beneficios y valor. El consultante es competitivo, y está rodeado de personas y situaciones conflictivas.

Reverso: Litigios, disputas complicaciones.

Amor: Relación intelectual basada en el amor.

Seis de Bastos

Seis: Adaptabilidad y habilidad para cambiar en tiempos difíciles. Triunfo, victoria, buenas noticias, esperanza y progreso. Persona que ha logrado algún triunfo importante o está apunto de conseguirlo.
Reverso: Miedo, traición, deslealtad.
Amor: Flexibilidad que trae armo-nía en las relaciones amorosas.

Siete de Bastos

Siete: Tiempo de soledad y hacerse preguntas sobre uno mismo.
Valor, discusión, negociaciones difíciles, competencia, éxito sobre los enemigos. Persona valerosa, dispuesta a enfrentar los obstáculos sin retroceder.
Reverso: Vergüenza, ansiedad y confusión.
Amor: La interferencia externa amenaza la relación.

Ocho de Bastos

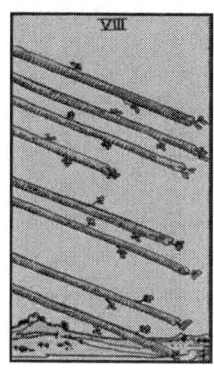

Ocho: Muy positivo y representa cambios favorables. Prontitud, grandes esperanzas, felicidad asegurada. Persona decidida a actuar y alcanzar el éxito en lo que emprende. **Reverso:** Celos, remordimientos, riñas. **Amor:** Consumación y realización en el amor espiritual.

Nueve de Bastos

Nueve: Terminación de acontecimientos. Preparación, fuerza, retraso, aplazamiento. Persona previsora y que no se atemoriza ante las amenazas u obstáculos. **Reverso:** Dificultades, adversidad, calamidad. **Amor:** Confianza de ambos para darse apoyo.

Diez de Bastos

Diez: Nuevos inicios y cambios. Ganancia material, encubrimiento, egoísmo, demandas excesivas. Persona obstinada, esforzada y ambiciosa. **Reverso:** Contrariedades, dificultades, intrigas. **Amor:** Necesidad de mejorar la vida sexual.

Sota de Bastos

(Sagitario)
Un envío, un mensajero, consistencia y estabilidad. Persona de gran vitalidad, esforzada y entusiasta. Sexualidad activa. **Reverso:** Malas noticias, indecisión, inestabilidad. **Amor:** Fresco amor virginal.

Caballo de Bastos

Partida, ausencia, emigración, cambio de residencia. Persona pasional que enfrenta cambios importantes en este momento de su vida. **Reverso:** Ruptura, división, conflicto. **Amor:** Crisis, incapacidad para resistir presiones y tentaciones externas.

Reina de Bastos

(Leo)
Mujer amigable, pura, amorosa. Éxito en los negocios y logros materiales. Si el consultante es hombre, esta carta indica la presencia de una amante o pareja; si es mujer, es fuerte, noble e intuitiva. **Reverso:** Celos, ocultamientos, orgullo falso.
Amor: Capacidad para amar intuitivamente. La imagen de la madre aparece como figura predominante.

Rey de Bastos

REY de BASTOS

(Aries)
Honestidad, herencias inesperadas, amistad, nobleza y lealtad. Hombre noble, enérgico y valeroso. **Reverso:** Impredecible, intolerancia, severidad, comportamiento contradictorio. **Amor:** Amor físico en la búsqueda de la penetración y la conquista.
Hay otro hombre afectando la relación que nos ocupa. La imagen de padre domina el panorama personal de la persona que consulta.

COPAS

Emociones, experiencias espirituales.
Cáncer-Escorpión-Piscis.

As de Copas

AS de COPAS

Uno: Nuevos comienzos. Alegría, contento, abundancia, fertilidad y realización espiritual. Persona llena de ilusiones y ganas de amar. Receptiva al amor espiritual. **Reverso:** Inestabilidad, revolución, mutación. **Amor:** Deseo erótico, vida emocional plena.

Dos de Copas

Dos: Período de gestación, espera y expectativa. Amor, pasión, amistad, unión, afinidad. El consultante tiene pareja o está enamorada de alguien. **Reverso:** Desarmonía, separación, divorcio. **Amor:** Fuerte erotismo, uso positivo de la energía del amor.

Tres de Copas

Tres: Más de una persona está involucrada, suspensión de actividades antes de realizar, éxito.

Perfección, júbilo, victoria, realización. El consultante tiene buenos sentimientos y relaciones armoniosas con sus amistades.

Reverso: Excesivo goce físico.

Amor: Embarazo y nacimiento. Armonía en las relaciones personales.

Cuatro de Copas

Cuatro: Realización de nuestras metas.

Fatiga, compromiso, ansiedad, desconfianza, titubeo.

Persona desmotivada, desilusionada, sin ánimo de nada.

Reverso: Novedad, nuevas relaciones y posibilidades.

Amor: Institucionalizar el amor. Relación duradera y equilibrada.

Cinco de Copas

Cinco: Cambios y altibajos. Amargura, frustración, arrepentimiento y depresión. Persona que ha sufrido o está padeciendo una desilusión amorosa.
Reverso: Alianzas, afinidad, regreso y esperanza.
Amor: Elementos externos que destruyen el amor. Necesidad de cambios en la actitud emocional para obtener mayor bienestar.

Seis de Copas

Seis: Adaptabilidad para cambiar en tiempos difíciles.
La infancia. Felicidad, gozo, nuevos ambientes, recuerdos del pasado. Persona con apego a los recuerdos familiares, una infancia feliz.
Reverso: Renovación, dificultad para enfrentarse al futuro.
Amor: Gran satisfacción de la pasión erótica. Armonía.

Siete de Copas

Siete: Época de soledad y de hacerse preguntas a uno mismo.

Favores ilusorios, imaginación y poco triunfo.

El consultante vive en un mundo de fantasías que no se realizan.

Reverso: Deseo, voluntad, determinación, éxito.

Amor: El amor como elemento central. Emociones tormentosas.

Ocho de Copas

Ocho: Cambios positivos.

Declinación de un asunto. Resultados insuficientes. Alejamiento, abandono. Persona que ha sufrido una separación de pareja y sentimentalmente sufre por ello.

Reverso: Alegría, felicidad, éxito material.

Amor: Emociones desbordadas. Amor duradero con un gran potencial para la armonía de sentimientos.

Nueve de Copas

Nueve: Final de los sucesos. Concordia, contento, victoria, éxito, armonía. El consultante se siente feliz, satisfecho con lo que tiene y con lo que hace.
Reverso: Errores, imperfecciones, vanidad.
Amor: Consumación erótica, armonía amorosa.

Diez de Copas

Diez: Nuevos inicios y cambios. Alegría, reposo del corazón, perfección, amor, amistad. Persona que encuentra su realización espiritual a través del amor humano.
Reverso: Conflicto, ruptura, falta de armonía.
Amor: Amor perfecto en una realización compartida.

Sota de Copas

SOTA de COPAS

(Piscis)
Noticias, mensajes, asuntos de negocios.
Persona de buenos sentimientos, buenas intenciones, fiable.
Reverso: Seducción, engaño, artificio.
Amor: Anhelo por el amor. Una nueva relación.

Caballo de Copas

CABALLO de COPAS

Invitación, una llegada, un acercamiento, proposiciones.
Un hombre enamorado, de buen corazón.
Reverso: Triquiñuelas, artificio, trampa.
Amor: Dedicar tiempo para trabajar sobre los sentimientos. Un hombre más joven.

Reina de Copas

REINA de COPAS

(Escorpión)
Bondad, honestidad, devoción, éxito, felicidad. Una mujer inteligente y amorosa. Mujer sentimental, de buen corazón, amorosa. Si el consultante es hombre, puede representar a su madre o a su pareja.
Reverso: Engaño, falta de confianza, falsedad.
Amor: El amor es la prioridad más alta. Sensualidad y erotismo.

Rey de Copas

REY de COPAS

(Cáncer)
Negocios, responsabilidad, inteligencia creativa.
Hombre emocional, sentimental, idealista.
Reverso: Deshonestidad, extorsión, pérdidas considerables.
Amor: Sensibilidad combinada con grandes ambiciones.

ESPADAS

Acción, conflicto, lucha, pensamientos.
Géminis-Libra-Acuario.

As de Espadas

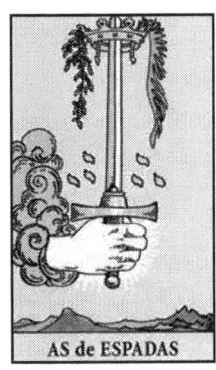

AS de ESPADAS

Uno: Nuevos comienzos. Triunfo, calificación alta, conquista, emociones fuertes. Persona con un proyecto ambicioso que requiere habilidad e inteligencia. **Reverso:** Desastre, destrucción, uso excesivo de fuerzas negativas. **Amor:** Un nuevo amor se presenta. Magnetismo sexual. Éxito.

Dos de Espadas

Dos: Período de gestación y espera. Ánimo, amistad, afecto, concordia, comunicación, compromiso, armonía. El consultante está haciendo demasiadas concesiones en sus relaciones personales o de trabajo. **Reverso:** Falsedad, deslealtad, abandono. **Amor:** Tensión como resultado de pugna entre fuerzas. Conflictos.

Tres de Espadas

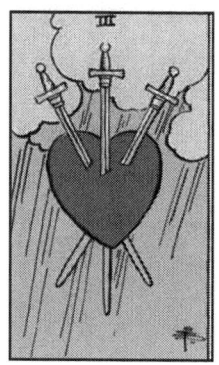

Tres: Más de una persona involucrada. Período de actividad suspendida antes del éxito.

Despedidas, ausencias, ruptura, depresión, separación.

El consultante está sufriendo mucho dolor en sus sentimientos y emociones, debido a una mala experiencia.

Reverso: Error, pérdida, desorden.

Amor: El fuego de la pasión, flujo de energía. Gran intensidad.

Cuatro de Espadas

Cuatro: Realización de las metas. Vigilancia, retiro, soledad, exilio.

El consultante está replegado sobre sí mismo, aislado del mundo, solitario.

Reverso: Aislamiento, separación, reclusión.

Amor: Seguridad, quietud y vida estable.

Cinco de Espadas

Cinco: Tiempo de cambios y altibajos. Degradación, destrucción, deshonor. El consultante ha sufrido una derrota debido a una traición.
Reverso: Incertidumbre, debilidad, humillación.
Amor: Sensualidad. Utilizar toda la capacidad con respecto a las emociones y el amor.

Seis de Espadas

Seis: Adaptabilidad para cambiar en tiempos difíciles.
Viajes, rutas, éxito. Resolución de dificultades.
El consultante está a dispuesto a cambiar su lugar de residencia o trabajo en busca de mejores oportunidades.
Reverso: Arrepentimientos, desilusiones, decepciones.
Amor: Gozo sexual, confianza en sí mismo.

Siete de Espadas

Siete: Momentos de soledad y de hacernos preguntas a nosotros mismos. Planificación, intentos, deseos, esperanzas. Un proyecto que puede fallar. El consultante está en grave riesgo de pérdidas y derrotas debido a un exceso de confianza. **Reverso:** Confusión, mala organización. Derrota. **Amor:** Situación inestable, abismo en la relación.

Ocho de Espadas

Ocho: Cambios positivos. Crisis, conflictos, censura. El consultante se siente atrapado en situaciones que no sabe resolver. **Reverso:** Intranquilidad, dificultad, oposición. **Amor:** Amor que busca expresarse. Fuerte energía. Necesario no caer en el estancamiento.

Nueve de Espadas

Nueve: Terminación de acontecimientos.
Fracaso, equivocación, desesperación.
El consultante sufre de profunda depresión.
Reverso: Encarcelamiento, miedo, culpa.
Amor: Separación sin riñas. Temor en una relación.

Diez de Espadas

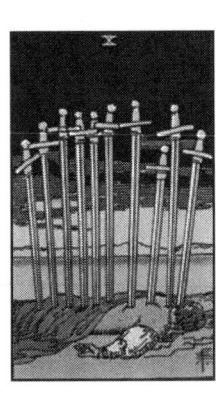

Diez: Nuevos comienzos.
Dolor, aflicción, lágrimas, tristeza.
El consultante se siente totalmente derrotado y sin esperanza.
Reverso: Ganancias, éxitos, favores.
Amor: Karma personal, se da cuenta de su destino. Nuevas energías en el amor. Realización de las aspiraciones.

Sota de Espadas

(Tauro)
Supervisión, espionaje, vigilancia.
El consultante tiene un enemigo o
espía en quien confía ingenuamente.
Reverso: Clandestinidad, engaño,
traición.
Amor: Fantasías sexuales, cambios,
sorpresas.

Caballo de Espadas

Destreza, bravura, guerra, oposición.
El consultante se encuentra en una
etapa de agresividad hacia el mundo,
luchando por conquistar algo.
Reverso: Imprudencia, incapacidad,
extravagancia.
Amor: Búsqueda del amor, excitación
en la vida amorosa.

Reina de Espadas

REINA de ESPADAS

(Virgo)
Tristeza, vergüenza, ausencia, aflicción, mujer que ha experimentado la pena profunda. Si el consultante es hombre, esta carta representa que tiene o tuvo una madre o pareja solitaria, estricta y exigente; si es mujer, ella es así.
Reverso: Malicia, traición, mojigatería, engaño.
Amor: Sexualidad abierta, ostentándose en público.

Rey de Espadas

REY de ESPADAS

(Libra)
Poder, mando, autoridad, ley. Persona independiente.
El consultante es un hombre que se guía por el intelecto, es rígido y argumentador; si es mujer, esta carta representa a su padre o esposo.
Reverso: Crueldad, perversidad, intenciones malignas.
Amor: Falta de satisfacción. Búsqueda exagerada de mujeres.

OROS

Bienestar material. **Tauro-Virgo-Capricornio.**

As de Oros

AS de OROS

Uno: Nuevos comienzos. Satisfacción perfecta, éxtasis, dinero, inteligencia y alegría. El consultante está iniciando un gran proyecto o negocio importante, que absorbe toda su atención.
Reverso: El lado maligno de la riqueza. Preocupación excesiva por los bienes materiales.
Amor: Armonía física. Objetivos materiales conjuntos. Amor sensual y erótico.

Dos de Oros

Dos: Período de gestación y espera. Diversión, recreación, noticias, problemas y embrollos. El consultante está experimentando cambios e inestabilidad.
Reverso: Alegría simulada, desarmonía.
Amor: Amor material, diferencia en la importancia que cada uno da al amor material.

Tres de Oros

Tres: Más de dos personas involucradas. Período de actividad suspendida antes del éxito.
Comercio, renombre, gloria, reconocimiento. El consultante está recibiendo ayuda que le permite progresar.
Reverso: Mediocridad, debilidad, ineficiencia.
Amor: Consumación, embarazo o nacimiento.

Cuatro de Oros

Cuatro: Realización de metas.
Regalos, legados, herencia, riqueza.
Para el consultante el poder económico es, en este momento, lo más importante en su vida.
Reverso: Obstáculos, retraso, pérdida.
Amor: Estabilidad en la pareja.

Cinco de Oros

Cinco: Cambios y altibajos. Pobreza, soledad, preocupaciones, inseguridad. El consultante tiene graves dificultades económicas, y no sabe cómo resolverlas. Su relación con el dinero no es buena.
Reverso: Desorden, caos, ruina.
Amor: Cambio necesario en la vida amorosa.

Seis de Oros

Seis: Adaptabilidad para hacer cambios en tiempos de dificultades. Regalos, gratificaciones, prosperidad. El consultante está recibiendo ayuda económica de alguien poderoso.
Reverso: Envidia, celos, egoísmo.
Amor: Amor armonioso y equilibrado.

Siete de Oros

Siete: Soledad y tiempo de hacerse preguntas a uno mismo. Negocios. Éxito limitado, trabajo arduo. El consultante se siente insatisfecho con lo que gana, económicamente frustrado.
Reverso: Ansiedad, impaciencia, preocupaciones por el dinero.
Amor: Dudas sobre el futuro. Búsqueda de novedad.

Ocho de Oros

Ocho: Cambios positivos.
Trabajo, empleo, destreza, negocios, futuro brillante. El consultante ha iniciado un proyecto prometedor y se está esforzando al máximo.
Reverso: Vanidad, falta de ambición, avaricia.
Amor: Amor sexual. Matrimonio de conveniencia.

Nueve de Oros

Nueve: Terminación de eventos. Prudencia, seguridad, éxito, triunfo. El consultante disfruta de seguridad material.
Reverso: Engaño, mala fe, peligro.
Amor: Amor rechazado por metas materiales. Relación basada en la conveniencia.

Diez de Oros

Diez: Nuevos comienzos. Ganancia, riqueza, asuntos familiares, hogar, distribución del dinero. El consultante ha logrado bienestar y riqueza material.
Reverso: Fatalidad, pérdida, robo.
Amor: Crisis seguida por la unión renovada. Nueva amistad.

Sota de Oros

SOTA de OROS

(Capricornio)
Aplicación, estudio, becas, noticias y mensajes. El consultante es un hombre con habilidad para el estudio y los negocios; si es mujer, recibe ayuda de alguien así. **Reverso:** Disipación, preocupación, decepción. **Amor:** Romance virginal y puro.

Caballo de Oros

CABALLO de OROS

Paciencia, trabajo arduo, responsabilidad. El consultante es trabajador, responsable y hábil en los negocios; si es mujer, recibe apoyo de alguien con esas cualidades. **Reverso:** Inercia, ociosidad, estancamiento. **Amor:** Dificultad para combinar el amor espiritual con lo material.

Reina de Oros

REINA de OROS

(Acuario)
Opulencia, generosidad, seguridad, libertad. Si el consultante es mujer, representa a una dama con dinero, habilidad para administrarlo y generosidad; si es hombre, una mujer con esas cualidades le apoya, puede ser la madre o una pareja.
Reverso: Maldad, sospecha, miedo y desconfianza.
Amor: Amor encausado y poderoso. Domina la figura de la madre.

Rey de Oros

REY de OROS

(Géminis)
Valor, inteligencia, aptitud de negocios. El consultante es un hombre de negocios muy hábil; si es mujer, recibe ayuda de un hombre con estas cualidades, puede ser el padre o el esposo.
Reverso: Vicio, debilidad, corrupción.
Amor: Énfasis en el amor físico. El padre como figura dominante.

Dependiendo de la finalidad de la consulta, se aplicará el significado de las cartas, de acuerdo al tema en cuestión. Siempre deberá considerarse primordial saber cuál es el asunto sobre el que se quiere saber, para poder hacer una interpretación precisa y directa. Preferentemente, toda consulta debe ser la respuesta a una pregunta concreta del consultante; sin embargo, en algunos casos, la persona solamente desea que el tarot le diga algo, sin tema específico. En tales casos, la lectura puede ser demasiado general y poco aplicable a la vida y asuntos concretos de la persona en cuestión; sin embargo, servirá para tener un panorama general del estado evolutivo de su conciencia.

El estudiante debe aprender el significado de las 78 cartas; mientras no las haya memorizado, podrá utilizar las cartas solamente para sí mismo, empleando la guía de significados incluida en este capítulo. De esta manera aprenderá a barajar, echar e interpretar las cartas, y cuando sienta que lo puede hacer con fluidez, empezará con sus consultas a terceras personas.

No se desaliente si al principio es muy lento o le surgen dudas; la práctica le permitirá adquirir velocidad y exactitud en sus interpretaciones. Solamente el estudio constante y la práctica seria y perseverante le permitirán adquirir habilidad como intérprete.

Un buen lector del Tarot se convierte en un psicólogo y consejero espiritual, capaz de detectar el carácter y la problemática de las personas que acuden a su consulta.

No basta con describir el significado aislado de cada carta; deberá aprender a estructurar conceptos e historias uniendo unas cartas con otras, de la misma manera que se forman palabras uniendo letras, y se forman ideas uniendo palabras.

El Tarot contiene un profundo lenguaje cifrado de tipo psicológico, y el intérprete hace las veces de un traductor, que explica al consultante lo que las cartas muestran, y que siempre será una imagen fiel de lo que se encuentra en el inconsciente del que pregunta.

La labor del intérprete es ayudar al consultante a que se vuelva consciente de lo que está grabado en su subconsciente, aquello que determina su conducta, sin que se percate de ello.

Volviéndose consciente de los contenidos almacenados en su mente subconsciente, adquirirá mayor conciencia y conocimiento de sí mismo, podrá evitar repetir los mismos errores del pasado, y liberarse de las cargas psicológicas que le impiden ser feliz y fluir armoniosamente en su propia vida. Por esto afirmamos que una buena sesión de Tarot equivale a una terapia de psicología profunda.

Capítulo 2

Guía de trabajo interior con Los Arcanos Mayores

Prácticas con el Tarot para la eliminación de los conflictos psicológicos

Existe una aplicación concreta que puede darse a los 22 Arcanos Mayores para mejorar nuestro estado psicológico en general, siendo cada carta benéfica para el tratamiento psicológico de determinado estado negativo o problema particular.

El poder curativo de la mente subconsciente no está limitado a la curación de enfermedades funcionales y nerviosas. No hace mucho tiempo, la profesión médica se mostraba prácticamente unánime en la negación de la posibilidad de curación mental. Después de algún tiempo, los médicos empezaron a admitir que tales métodos podrían aliviar algunos desórdenes nerviosos y funcionales. Hoy, reconocen francamente que muchas dolencias orgánicas son curadas por métodos mentales sin el uso de fármacos o cirugías. La mente subconsciente, a través de los pensamientos negativos que se encuentran grabados en ella, puede enfermar el cuerpo; eso ya está demostrado, y se conoce como "enfermedad psicosomática". Basándonos en el mismo principio, podemos afirmar que la subconciencia puede restablecer la salud del cuerpo y de la mente, y que tiene algunos otros poderes maravillosos.

De manera que esta terapia con los Arcanos del Tarot no solamente nos puede sanar de problemas psicológicos, sino también de problemas físicos. Recordemos que la mayoría de las enfermedades se generan en la mente subconsciente; si cambiamos el contenido de los mensajes almacenados en la subconciencia, sustituyéndolos por otros de contenido positivo, la mente enviará al cuerpo la orden correspondiente, haciendo que el cuerpo sane.

Método de contemplación y visualización de los Arcanos del Tarot

Los Arcanos del Tarot tienen dos niveles diferentes de interpretación. Hay el externo, el significado superficial que parece percibirse a simple vista. Existe además el más profundo, el significado interno, que puede ser traído a la superficie de la conciencia sin esfuerzo, por el simple acto de mirar atentamente el Arcano.

El método consiste en contemplar en silencio y después visualizar -con los ojos cerrados- la carta correspondiente al problema que queremos resolver, durante un período mínimo de 5 minutos y máximo de 15. (No es recomendable hacerlo por más tiempo ni más de una vez al día, debido a la intensa carga psíquica que contienen las imágenes.)

Busque un sitio donde tenga la suficiente privacidad y silencio, donde pueda sentirse relajado y tranquilo, con la confianza de que no será interrumpido. Necesitará una mesa y una silla, y sus cartas del Tarot.

Siéntese en la silla con la espalda recta, sin cruzar brazos ni piernas, con las manos sobre la mesa en posición relajada. Asegúrese de tener buena iluminación. Encienda una vara de incienso, relájese, cierre los ojos y respire profundamente.

Ahora localice en su mente cuál es el estado psicológico o situación que desea resolver. Elija el Arcano mayor del Tarot que corresponde a su problema, de acuerdo a la guía que encontrará en este capítulo.

Antes de visualizar una carta, debemos contemplarla, observando cuidadosamente todos sus detalles, figuras, colores, actitud de los personajes, etc. Contémplela durante cinco minutos y después trate de visualizarla con los ojos cerrados, en la pantalla de su mente. Si después de contemplar la carta durante cinco minutos, podemos recordarla, pasaremos a la etapa de visualización; si no es así, seguiremos el tiempo que sea necesario hasta que podamos "verla" con los ojos cerrados, tratando de recordar todos sus detalles.

Las imágenes de los Arcanos Mayores ejercen una poderosa influencia sobre el subconsciente, realizarán su trabajo en nuestra mente en forma silenciosa pero efectiva, programándonos para cambiar nuestra visión mental de lo que tengamos que cambiar, y poniendo en su lugar el mensaje que nuestro subconsciente necesita para mejorar nuestra vida.

Aunque nuestra mente consciente no se percate de ello, es la mente subconsciente la que gobierna la mayoría de nuestros pensamientos, estados emocionales y acciones. Si cambiamos la programación subconsciente, esta parte de nuestra mente hará lo necesario para que cambien las circunstancias que nos rodean.

Trabaje con seriedad sobre los Arcanos, y ellos harán su trabajo. La mente subconsciente grabará los mensajes, y nuestra realidad se transformará en lo que deseamos tener.

Aplicación terapéutica de los 22 Arcanos Mayores

Cada Arcano puede ser utilizado para curar o eliminar determinado problema psicológico. El correspondiente al problema deberá ser seleccionado, contemplado y después visualizado, dependiendo del caso específico a tratar. Una vez detectado el conflicto o estado emocional negativo, utilice esta guía terapéutica. La contemplación y visualización se llevará a cabo el número de veces que sea necesario, hasta sentir que el problema ha desaparecido por medio de sus efectos curativos.

Ocúpese de curar un problema a la vez; recuerde que la imagen del Arcano se irá grabando en el subconsciente, el cual se encargará después de realizar el trabajo de sanación mental. Los estudiosos de la psique afirman que una imagen que es contemplada y visualizada un mínimo de 10 veces, queda automáticamente grabada en el subconsciente. De manera que la terapia de contemplación y visualización deberá tener una duración mínima de 10 días.

Para poder realizar la contemplación y visualización de los Arcanos, escoja una hora del día que siempre será la misma. Realice la práctica de relajación y concentración explicada en este capítulo. Cuando se sienta suficientemente relajado y concentrado, inicie su práctica de contemplación y visualización terapéutica.

Recomendaciones para la visualización de los Arcanos

Trabaje a fondo con cada Arcano con el que usted sienta que tiene algún conflicto o problema que resolver. Mientras más honesto sea con usted mismo, mayor será el beneficio. Toda visualización debe cerrarse imaginando que usted expresa su agradecimiento, y sale del espacio del Arcano. No pase a un siguiente asunto, si no siente haber despejado el camino del anterior. Esto puede durar días o semanas, depende de la gravedad del problema, y de la intensidad con que trabaje. No tenga prisa; recuerde que está trabajando con una parte de usted mismo muy sutil y silenciosa, pero eficaz: su propio subconsciente.

Visualice cada Arcano con claridad, como si formara parte del paisaje, contemple la escena en todos sus detalles, y en los casos que así se indica en las instrucciones, transfórmese en el personaje del Arcano. (Evite siempre hacerlo con El Diablo y La Muerte.) Si le cuesta mucho esfuerzo visualizar, bastará con que imagine la escena, aunque no logre verla; si persiste en la práctica, es posible que consiga colocarla en su pantalla mental.

Si realiza su trabajo de visualización a conciencia y con regularidad, una vez al día, al cabo de un plazo máximo de siete días empezará a notar cambios en su estado interno y, consecuentemente, en sus circunstancias exteriores.

Recuerde que nuestra realidad externa es reflejo de nuestra realidad interna.

Si usted sana interiormente, la situación externa también cambiará favorablemente. Nuestra mente subconsciente tiene el poder de materializar lo que está grabado en ella; si cambiamos las grabaciones, cambiará nuestra realidad. Este trabajo nos permite trabajar conscientemente con la parte oculta o subconsciente de la mente. Es llevar la luz a los sitios donde reinaba la oscuridad. Esto nos permitirá recuperar el dominio sobre nuestras vidas.

Capítulo 3

Ritual para consagrar las cartas del Tarot

Cómo elegir y consagrar el lugar para trabajar con el Tarot

La forma de elegir el lugar, siempre estará en relación con nuestra posibilidad de encontrar un sitio que nos permita tener privacidad, limpieza energética y silencio. Mientras más aislado y silencioso sea el sitio, mejor. Excluyamos los lugares donde circulen personas o haya mucho ruido. La iluminación debe ser suficiente, pero no excesiva. Evitemos sitios donde entren personas incrédulas, pesimistas, deprimidas o enfermas.

La forma de consagrar el lugar es limpiarlo muy bien físicamente, y después psíquicamente por medio de incienso, *copal*, *estoraque* y cualquier otro aroma o esencia que nos haga sentir tranquilidad y que sea propicio para la meditación. Esparza agua bendita por los rincones y pronuncie una oración, invocando a la Trinidad Divina. Bendiga el lugar con sus propias palabras, iniciándola con la siguiente oración:

"Yo bendigo y consagro este lugar, en el Nombre del
Padre, del Hijo y del Espíritu Santo..."
(O cualquier otra representación de la Trinidad Divina
con la que usted se sienta identificado).

Después agregue las palabras que surjan de su corazón,
pidiendo a Dios y a todas las entidades superiores, que lo
guíen y lo protejan cuando realice sus trabajos con el
Tarot.
Procure situar su mesa y su silla de manera que usted
quede mirando hacia el Oriente, lugar de donde proviene
la luz solar.
Utilice siempre una vela al hacer sus consultas al Tarot.

Consagración ritual del Tarot

Consultar el Tarot no es un juego, no debe hacerse a la
ligera, o con propósitos que no sean serios y honestos.
Debe tratarse con el respeto que se merece, pues es un
maestro espiritual y un consejero.
Antes de realizar cualquier consulta con sus cartas,
debe magnetizarlas con su propia energía psíquica; esto se
lleva a cabo de la siguiente manera:
Duerma con las cartas del Tarot bajo la almohada
durante seis o siete días. Después, elija y consagre el lugar
donde va a trabajar, y realice el siguiente ritual:

Con la mano derecha tome aceite consagrado y pónga-
se en la frente, la coronilla, la nuca y el ombligo,

haciendo una figura que para usted tenga un simbolismo. (Cruz, triángulo, etc.)

Coja el Tarot boca arriba con la mano izquierda (siempre lo hará con la mano izquierda).

Tome aceite con la mano derecha y sobre la carta de El Loco trace con los dedos índice, medio y pulgar juntos una cruz del tamaño de la carta, diciendo su nombre de pila una vez.

Ahora, con la mano derecha trace en el centro de la carta tres cruces pequeñas sobre el vientre de El Loco (una sobre otra) repitiendo su nombre también.

Tome el Tarot con las dos manos, con seguridad y diga:

"Éste es mi Tarot
sólo habla conmigo
sólo a mí me da su sabiduría
porque es mi posesión."

"Sólo hay un Dios
sólo hay una verdad
sólo hay un Tarot
sólo hay mi verdad"

"el Tarot y yo somos dualidad
el consultante y yo somos dualidad
la verdad y yo somos dualidad."

"Poder, amor y sabiduría
siempre me acompañan.

El Tarot, la luz y la verdad
siempre me acompañan."

"El Tarot es libre de mí
y en esa libertad
me libera su sabiduría
para liberar mi ser."

Vuelva a sujetar el Tarot con sus dos manos y dé gracias a Dios y al Tarot por su sabiduría y por haber entrado en su vida. (Esto con sus propias palabras).
Envuelva el Tarot con un paño rojo o violeta, preferentemente de seda y retírese. Deje al Tarot solo por un rato.
Este ritual se hará siete veces, en siete días seguidos a la misma hora.

Cómo iniciar, desarrollar y concluir la consulta

Inicio: Encienda la vela y el incienso; relájese durante unos momentos, con los ojos cerrados. Enseguida abra los ojos y baraje las cartas siete veces. Corte la baraja en dos con la mano izquierda.
Desarrollo: Haga mentalmente la pregunta que desea le sea contestada. Haga el tendido de las cartas según el tipo de lectura que vaya a realizar.
Conclusión: Coloque todas las cartas juntas, boca abajo, y diga:

"Doy gracias a Dios
y al Tarot,
pues todo lo que
me ha dicho
es verdad.
Amén".

Guarde sus cartas. Nunca las deje expuestas si ya terminó de utilizarlas. No permita que nadie las toque, excepto algún consultante, mientras baraja. Si ha hecho alguna consulta anteriormente, baraje las cartas tres veces para desmagnetizarlas, y guárdelas envolviéndolas en su paño.

Colóquelas en un sitio seguro. Recuerde que su Tarot está magnetizado por usted, es una herramienta impregnada de su propia energía psíquica. Trátelo con respeto y cuidado, y obtendrá siempre los mejores resultados.

Capítulo 4

Diferentes sistemas de lectura del Tarot

Algunas recomendaciones al hacer sus lecturas

En la medida de lo posible, evite que otras personas que no sean el consultante, escuchen lo que usted dice en una sesión. Algunas personas acostumbran a llevar a la pareja, algún pariente o amistad; esta tercera persona puede convertirse en una interferencia en la corriente mental y energética que debe establecerse entre el consultante y el intérprete. Cuando alguien acude a una consulta la información debe mantenerse lo más confidencial que se pueda.

Siempre es recomendable sugerir al consultante que tome nota por escrito de lo que usted diga al interpretar las cartas; confiar todo a la memoria puede hacer que pronto se pierda la información. Tenga siempre a mano un cuaderno de notas y un bolígrafo.

Utilice incienso durante sus consultas; limpia el entorno y despeja el aura; propicia la paz y la concentración.

El uso de una vela le ayudará a crear un ambiente místico y evocador de la espiritualidad; utilícela siempre que le sea posible.

Evite interrupciones durante la interpretación de las cartas; le hacen perder la concentración que usted necesita, y la atención de su consultante. Una consulta de Tarot es un acto mágico, que requiere una atmósfera de privacidad y silencio. Procure asegurarse de no estar en lugares ruidosos ni donde corra el riesgo de ser interrumpido.

Cuando hable, hágalo con voz clara y pausada, no se precipite y evite siempre dramatizar; esto puede causar alarma y temor en el consultante, usted no desea eso, sino, por el contrario, dar confianza y tranquilidad a quien le escucha.

Recuerde que todo consejo debe ser dado en el nombre del Tarot, es el Tarot el que habla, no usted a nivel personal. Evite pontificar, sermonear o decir al consultante lo que debe hacer; el Tarot, a través de la consulta, lo guiará para que la persona decida por sí misma.

Siempre recoja y envuelva con el paño sus cartas al terminar de utilizarlas; nunca deje un tendido expuesto a la mirada de los curiosos.

Mantenga sus cartas del Tarot en un lugar fijo, limpio y protegido; una caja de madera especial y su paño para envolverlas son lo ideal.

Lectura para conocer la respuesta a preguntas concretas

Recuerde que debe formular una sola pregunta a la vez; de otra manera, la respuesta podría parecerle confusa, ambigua.

Ejemplo:
No pregunte algo que implique dos opciones: "¿Me debo quedar con este empleo o debo buscar otro"? Ésa es una forma incorrecta de preguntar.
La forma correcta, en este tipo de casos, es hacer dos preguntas:
> Pregunta 1: "¿Qué sucedería si me quedo con mi empleo actual?"
> Pregunta 2: "¿Qué sucedería si dejo este empleo y busco otro?"

De esta manera sabrá lo que puede ocurrir en ambos casos, pero sin mezclar las respuestas. Cuanto más específico sea a la hora de preguntar, la respuesta será más clara y concreta.

Método 1:
Solamente Arcanos Mayores (22 cartas).
Utilice solamente los Arcanos Mayores; baraje el número de veces que usted sienta que es necesario.
Haga su pregunta, mentalmente o en voz alta, como usted prefiera.
Ahora extienda las 22 cartas sobre la mesa, todas hacia abajo, de modo que no se vea cuáles son.

Tome 4 cartas al azar, y colóquelas de modo que se vean las figuras. Póngalas formando una fila horizontal. En esas cuatro cartas está la respuesta a su pregunta. Analice el significado de cada una de ellas, y vaya uniendo el significado de la primera con la segunda, y así sucesivamente, encadenando los conceptos hasta formar un mensaje.

Recuerde que estos Arcanos mayores se están refiriendo específicamente a usted, y a la pregunta que hizo. La respuesta incluirá diferentes aspectos del asunto, representados con cada una de las cartas. Si después de interpretar estas cuatro cartas, aún tiene alguna duda sobre la respuesta obtenida, puede tomar una o dos cartas más para complementar el mensaje.

Método 2:
Todos los Arcanos (Mayores y Menores).
Tome todas las cartas del Tarot y barájelas siete veces; después corte la baraja en dos montones, utilizando la mano izquierda. Ponga el montón de cartas que se formó al hacer el corte, sobre el otro montón.
Extienda todas las cartas vueltas hacia abajo, de modo que no se vea cuáles son.
Haga su pregunta, mentalmente o en voz alta, como prefiera.
Tome tres cartas al azar y colóquelas en fila horizontal.
En esas tres cartas está la respuesta a su pregunta. Relacione conceptos y significados, hasta formar un mensaje.

Si con la respuesta obtenida, aún tiene alguna duda, tome una, dos o tres cartas más, hasta quedar sin duda respecto a las respuestas.

Lectura para el amor

Para la interpretación de las cartas en esta lectura, debe guiarse por los significados del Amor, incluidos en la lista de significados del capítulo 1. Para efectuar la lectura del amor, es necesario utilizar dos figuras de la Corte, que representarán al hombre y la mujer sujetos de la consulta, basándose en la siguiente guía astrológica y de edad.

Guía astrológica y de edad para la lectura del amor:

Signos de Fuego: Aries, Leo y Sagitario: BASTOS
Signos de Agua: Cáncer, Escorpión y Piscis: COPAS
Signos de Aire: Géminis, Libra y Acuario: ESPADAS
Signos de Tierra: Tauro, Virgo y Capricornio: OROS

En la lectura del Amor, se representan los sexos de la siguiente manera:
Hombre: El Caballo
Mujer: La Reina
Se eligen ambos, Caballo y Reina de acuerdo a su signo astrológico; se coloca el Caballo a la izquierda y la Reina a la derecha, uno al lado del otro. (A y B).

Enseguida piense en la pregunta que desea formular, mientras baraja todas las cartas siete veces; corta en dos con la mano izquierda, y coloca el montón del corte sobre todas las demás cartas. Ahora extienda todas las cartas con la cara hacia abajo, y escoja dos cartas para el Caballo y dos para la Reina, y una última carta que colocará sobre estas últimas. Las cartas del Caballo se colocan a la izquierda del mismo(C y D), y las de la Reina, a la derecha de la misma (E y F). Coloque una carta abajo del Caballo y la Reina (G). Por último, coloque la última carta en la parte superior del Caballo y la Reina. (Carta F).

(F)

(C y D)   A   B   (E y F)

(G)

Interpretación:

A y B: Los sujetos de la consulta.

C y D: Los pensamientos y sentimientos del Caballo.

E y F: Los pensamientos y sentimientos de la Reina.

G: El obstáculo que puede surgir entre ambos, y que debe ser superado.

F: Lo que puede esperarse de la relación, en un futuro.

Esta forma de lectura nos permite saber si una relación va o no por buen camino, y qué podemos esperar de la misma en un futuro.

Recuerde que todas las cartas que aparezcan deben relacionarse con el tema del amor, que es nuestro asunto o motivo de esta consulta.

Esta forma de preguntar es válida tratándose de personas que ya tienen una relación estable y formal, de personas que acaban de conocerse, e incluso de personas que no se han tratado, pero de las cuales una está interesada en la otra.

Recuerde que lo más importante será concentrar intensamente su pensamiento en la pregunta que desea formular, mientras baraja las cartas. Si la consulta la está realizando usted en solitario, debe usted mismo barajar las cartas; si es una consulta que usted está dando a otra persona, será el consultante quien baraje y corte, y usted quien haga el tendido de las cartas sobre la mesa.

Lectura de la relación psicológica y afectiva con los padres

Este tipo de consulta nos revelará el estado en que se encuentra el consultante afectiva y psicológicamente con sus padres, sin importar si en el presente ellos viven o ya han fallecido, o si vive con ellos o en otro lugar. Lo que indica esta consulta se encuentra en el interior de la mente subconsciente, independientemente de las actuales circunstancias externas.

Para realizar esta lectura, utilizaremos dos Arcanos Mayores, representativos del padre y la madre del consultante.

El Padre-El Emperador

La Madre-La Emperatriz

Se mezclan todas las cartas, barajando 7 veces; se corta con la mano izquierda, y se coloca el montón del corte sobre todas las cartas. Se extienden todas las cartas vueltas hacia abajo; el consultante escoge cuatro de ellas mientras concentra su pensamiento en su padre; estas cartas se colocan en torno a la carta del Emperador; después piensa intensamente en su madre mientras elige 4 cartas, las cuales se colocan en torno a La Emperatriz, como se indica en el diagrama.

1

4   El Emperador   2
     (El Padre)

3

1

4   La Emperatriz   2
     (La Madre)

4

Interpretación:

Carta 1: La imagen interna en la mente del consultante del Padre o la Madre.

Carta 2: El posible conflicto psicológico o afectivo con el Padre o la Madre.

Carta 3: La causa del conflicto.

Carta 4: La posible solución del conflicto.

Esta clase de lectura o consulta tiene un carácter psico-analítico y terapéutico. Nos indica cuál es la imagen subconsciente que el consultante tiene de sus padres, el conflicto (si lo hay), y la solución terapéutica que el consultante debe aplicar en su interior para trascender esta problemática, generalmente originada en la infancia. Tenga presente que si uno de los progenitores estuvo ausente durante la infancia, eso no significa que el consultante no tenga una imagen y posible conflicto con el mismo, debido precisamente a su ausencia afectiva.

Lectura del horóscopo o de las Casas astrológicas

Existe una profunda relación psicológica, numerológica y de significados entre el Tarot y la Astrología. Cada carta tiene su correspondencia astrológica y nos ayudará a una mejor comprensión del carácter del consultante.

Este tipo de consulta está basado en la Carta Astrológica, también conocida como Horóscopo, la cual está dividida en 12 Signos y 12 Casas, cada una de las cuales nos habla de un aspecto de la vida de una persona.

Las Casas astrológicas y su significado

Casa 1- El Yo, la personalidad.

Casa 2- El dinero, el trabajo como medio de obtener dinero, las posesiones.

Casa 3- Los allegados, los viajes.

Casa 4- El hogar paterno, las herencias.

Casa 5- Los amores, los hijos.

Casa 6- El trabajo, la salud.

Casa 7- El cónyuge, las asociaciones.

Casa 8- La muerte, las transformaciones.

Casa 9- La filosofía de la vida, los viajes al extranjero.

Casa 10- El éxito social, el destino.

Casa 11- Los proyectos, las amistades.

Casa 12- Las pruebas, las enfermedades.

Para realizar esta lectura es conveniente que dibuje sobre una cartulina blanca un círculo grande, dividido en doce secciones o casillas, que representarán las Casas astrológicas. Después numérelas y escriba en el espacio correspondiente a cada Casa, el asunto de que trata. Baraje las cartas 12 veces, corte en dos la baraja con la mano izquierda, coloque el montón del corte encima del otro montón, y vaya poniendo las cartas sobre las Casas Astrológicas, una por casa, en el orden en que vayan saliendo, empezando por la que esté hasta arriba del mazo.

La primera carta nos hablará de la personalidad del consultante; la segunda de sus posesiones, y así sucesivamente, hasta sacar 12 cartas. Puede colocar al Caballo o a la Reina del signo que corresponda al consultante en el centro del círculo.

Si necesita información adicional sobre alguna Casa, reinicie la colocación de las cartas a partir de la carta 13 en la casa 1, la catorce en la casa 2, y así sucesivamente.

Esta lectura es muy completa, pues las Casas Astrológicas abarcan muchos aspectos de la vida de la persona.

Lectura para conocer el pasado, presente y futuro del consultante

Para realizar esta lectura, deben barajarse las cartas 7 veces, y cortar la baraja en dos montones con la mano izquierda (la mano del subconsciente); después coloca el montón del corte sobre las otras cartas; tienda tres líneas de siete cartas cada una, colocándolas todas hacia abajo, de modo que no se vean las figuras, empezando por la derecha y avanzando hacia la izquierda; después, sobre esta línea, coloque la segunda, y sobre esta última, la tercera.

Ahora vaya volviendo las cartas de la primera línea, una por una, interpretando cada una por separado, y después ligando su significado con la siguiente, formando así una sucesión de conceptos que formarán una historia. Proceda de la misma manera con la segunda y la tercera líneas.

La primera línea de cartas representa el pasado
La segunda representa el presente
La tercera representa el futuro

Para mayor claridad, observe este diagrama de la disposición del tendido de las cartas:

21	20	19	18	17	16	15	(Futuro)
14	13	12	11	10	9	8	(Presente)
7	6	5	4	3	2	1	(Pasado)

Este tendido de cartas, de acuerdo a mi experiencia personal, es uno de los más precisos y exactos en su resultado. Se interpreta de derecha a izquierda, empezando por la línea del pasado, y así sucesivamente, pasando al presente y finalmente al futuro.

Recuerde que el consultante será consciente de algunos eventos que figuran en su pasado y en su presente, pero de otros no.

Lo que aparece como futuro es lo que su inconsciente está diseñando en este momento para su vida, ya que somos nosotros mismos quienes diseñamos nuestra vida a través de nuestros pensamientos. Si cambiamos nuestros pensamientos en el presente, automáticamente cambiará nuestro futuro. Es recomendable que advierta esto al consultante antes de interpretar las cartas del futuro, para evitar fatalismos y temores que surgen de la idea de que el futuro es inevitable.

Si echamos un vistazo a las líneas verticales que se forman con las cartas, podremos detectar algún esquema psicológico general que rigen la vida del consultante. Estos datos nos podrán ayudar a decirle a la persona en cuestión cuáles son los patrones psicológicos repetitivos en su vida, y orientan sobre la manera en que se puede evitar caer una y otra vez en las mismas situaciones.

La carta del consejo que da el Tarot para mejorar la vida del consultante

Esta carta se saca al final de la lectura; se extiende toda la baraja con las cartas hacia abajo, y se dice alguna frase que implique que esta carta contiene un consejo final que le da el Tarot para que pueda mejorar su vida.

El consultante elige una carta, que se pone de frente. Se interpreta la carta, como un consejo del Tarot, en términos generales, haciendo o dejando de hacer lo que se simboliza en la carta. Esta carta es un resumen del mensaje de la consulta; generalmente indica la posible solución al principal problema psicológico o conflicto interno del consultante.

Lectura de la numerología del nombre y la fecha de nacimiento

La Numerología o estudio del significado de los números y su repercusión sobre nuestras vidas, forma parte del conocimiento integral del Tarot. Su análisis es muy extenso y profundo. Para los efectos prácticos que nos ocupan, solamente indicaré cuál es el método numerológico que puede utilizarse para conocer el carácter y la tónica general de la vida de una persona.

El método es el siguiente:
Se pide al consultante que escriba su nombre y apellidos completos, tal como los utiliza normalmente al rellenar documentos, así como su fecha de nacimiento:
Nombre y apellidos: Enrique González-Rubio y Montoya
Fecha de nacimiento: 25 de marzo de 1953
Contamos el número de letras del nombre y apellidos, que en el caso de este ejemplo son 28.
Después, contamos la fecha de nacimiento de la siguiente manera:
Día: 25
Mes   03 (marzo es el tercer mes del año)
Año: 18 (se suman los dígitos del año entre sí: 1 más 9, más 5, más 3, = 18

Ahora, sumamos todo:
Nombre y apellidos   28
Año   18

103

Mes	03
Día	25
Total	74 = 11

Sumamos los dígitos del total: 7 más 4 = 11
(Siempre que el total sea mayor a 22, se suman los números)

Nuestro resultado final, en este caso, es el 11:
El Arcano 11, La Justicia.

Localizamos La Justicia en nuestro Tarot, y pedimos al consultante que nos describa lo que ve, si el personaje está alegre, está triste, etc.; lo que diga, nos indicará cómo se siente él (o ella), en general, con respecto a su vida actual.

Finalmente, explicamos al consultante:

11, la Justicia
Significa que es una persona con altos valores éticos, recta, honesta, y que cree en la equidad y las normas morales. Quizá señale también haber tenido una madre dominante, y alguna clase de problema con las figuras de autoridad. Siempre será confiable y honesta. Debe resolver los conflictos generados por la madre y reconciliarse con las figuras de autoridad.

Es aconsejable realizar este estudio numerológico con

todos nuestros consultantes, pues les servirá de orientación sobre su carácter y la tónica de sus vidas, siendo todo esto una valiosa información que les ayudará a conocerse a sí mismos.

Recordemos que el Tarot es, ante todo, un espejo del alma. Contemplar objetivamente la imagen que se refleja en ese espejo, nos ayudará a saber quiénes somos, cuál es nuestro estado psicológico actual, y cuáles son nuestras posibilidades y opciones para mejorar nuestras vidas.

Ejemplos de lecturas de Tarot

Estos ejemplos se dan en calidad de orientación sobre la forma correcta de proceder en una lectura de cartas. El intérprete debe desarrollar su intuición para guiar al consultante a que encuentre las respuestas que busca, dentro de sí mismo. El Tarot solamente le muestra el mapa de la situación; es el consultante quien decide qué ruta tomará para llegar a donde desea.

Ejemplo 1:
Consultante: Persona que pregunta si le conviene o no conservar su empleo actual.
Resultado:
Cuatro de Espadas invertido
Reina de Oros
Caballo de Espadas
Interpretación:

Cuatro de Espadas invertido: El consultante se siente aislado, desilusionado con su empleo actual; es el momento de decidir hacer lo que realmente desea.

Reina de Oros: Existen posibilidades nuevas por explorar, y cuenta con el apoyo de una mujer inteligente para lograrlo.

Caballo de Espadas: Una importante decisión debe tomarse consultando los propios sentimientos; es tiempo de lanzarse a la conquista de metas.

Si observamos la anterior interpretación, no se le está diciendo: "Debes dejar tu actual empleo" o "no debes dejarlo".

La decisión final siempre debe quedar en manos del consultante. De no ser así, estaríamos manipulando su vida, y ese no es nuestro papel como intérpretes del Tarot. Nuestra tarea consiste en proporcionarle opciones a través de los datos que nos dan las cartas, para que él mismo reflexione y decida.

Ejemplo 2:
Consultante: Persona que pregunta qué pasaría si ingresara en una empresa que representa una nueva oportunidad en su vida.
Resultado:
La Emperatriz
El Emperador
Nueve de Copas

Interpretación:

La Emperatriz: El consultante podrá desarrollar una gran creatividad productiva, que actualmente se encuentra en período de gestación.

El Emperador: Logrará adquirir poder material y consolidar sus metas; obtendrá estabilidad.

Nueve de Copas: Éxito completo, logro personal, felicidad.

En este caso, obviamente, la respuesta es muy positiva, y le conviene sin lugar a dudas, aprovechar la oportunidad que se le ofrece. Pero nuevamente, debe ser el consultante quien tome la decisión final.

Ejemplo 3:

Consultante: La persona pregunta qué pasaría si se queda en España durante una larga temporada.

Resultado:

Dos de Oros

Tres de Bastos

La Justicia

Interpretación:

Dos de Oros: Inicialmente se presentará un período de inestabilidad y dificultades económicas;

Tres de Bastos: Posteriormente se logrará establecer con fuerza y proyectos importantes.

La Justicia: Al final se obtendrá armonía, justa recompensa, triunfo y equilibrio.

La respuesta es positiva: aunque implica una etapa inicial en la que surgirán dificultades, después vendrá la consolidación de proyectos y la recompensa merecida.

Como en todos los casos, es el consultante quien debe decidir.

Recomendaciones finales

Estudie cuidadosamente los significados de predicción así como las aplicaciones terapéuticas de los Arcanos, hasta que se familiarice con ellos, y sea capaz de recordar el significado de cualquier carta con sólo verla. Tome todo el mazo de cartas y vaya sacando una por una, diciendo su significado en una o dos frases cortas; cuando sea capaz de hacerlo sin titubear, estará listo para dar consulta.

Trate su tarot, a su consultante y a usted mismo siempre con respeto; esto significa no mentir, ni siquiera a sí mismo, no engañar, no sacar provecho ilegítimo de la habilidad de interpretar las cartas. Hágalo siempre con la intención de ayudar al prójimo.

Si alguien desea pagar por sus servicios, es legítimo, pero no se vuelva un mercenario.

Recuerde que la interpretación del Tarot debe realizarse con fines de ayuda psicológica y espiritual, y es un arte; como tal, requiere de estudio y práctica constantes.

Adquiera y estudie todos los libros de Tarot que pueda; esto ampliará su visión y su conocimiento, y le abrirá aún más las puertas de la intuición.

BILIOGRAFÍA

Manual práctico del Tarot. J.A. Portela. Editorial Indigo, Barcelona.
Curso de Tarot. Veet Pramad. Editorial Yug, México.
La vía del Tarot. Alejandro Jodorowsky. Editorial Siruela, Madrid.

ÍNDICE

Prólogo......7
Introducción......11
Capítulo 1. Visión psicológica del Tarot. Los Arcanos y
la psique humana......17
División del Tarot......21
Significado psicológico de las cartas del Tarot: Arcanos
Mayores......23
0 El Loco......23
1. El Mago......24
2. La Sacerdotisa......25
3. La Emperatriz......26
4. El Emperador......27
5. El Sumo Sacerdote......28
6. Los Amantes......29
7. El Carruaje......30
8. La Fuerza......31
9. El Ermitaño......32
10. La Rueda de la Fortuna......33
11. La Justicia......34
12. El Colgado......35
13. La Muerte......36
14. La Templanza......37
15. El Diablo......38
16. La Torre......39
17. La Estrella......40
18. La Luna......41
19. El Sol......42
20. El Juicio......43
21. El Mundo......44

Significado psicológico de las cartas del Tarot:
Arcanos Menores...45
Bastos...45
Copas...53
Espadas...60
Oros...67
Capítulo 2. Guía de trabajo interior con Los Arcanos
Mayores...77
Prácticas con el Tarot para la eliminación de
los conflictos psicológicos...77
Método de contemplación y visualización de
los Arcanos del Tarot...78
Aplicación terapéutica de los 22 Arcanos
Mayores...80
Recomendaciones para la visualización de los Arcanos..81
Capítulo 3. Ritual para consagrar las cartas del Tarot...83
Cómo elegir y consagrar el lugar para trabajar
con el Tarot...83
Consagración ritual del Tarot...84
Cómo iniciar, desarrollar y concluir la consulta.....86
Capítulo 4. Diferentes sistemas de lectura
del Tarot...89
Algunas recomendaciones al hacer sus lecturas...........89
Lectura para conocer la respuesta a preguntas
concretas...91
Lectura para el amor...93
Lectura de la relación psicológica y
afectiva con los padres...96
Lectura del horóscopo o de las Casas astrológicas.....98
Lectura para conocer el pasado, presente y futuro del
consultante...100

La carta del consejo que da el Tarot para mejorar
la vida del consultante...................................102
Lectura de la numerología del nombre y la fecha
de nacimiento...................................103
Ejemplos de lecturas de Tarot...................105
Recomendaciones finales...........................109
Bibliografía...................................110